STEFANO CATELLANI

Elementi di diritto
per Corsi di laurea di area scientifica

Appunti tratti dalle lezioni
anno 2015

PROPRIETÀ LETTERARIA RISERVATA

copyright: © 2015 di Stefano Catellani
Tutti i diritti riservati

ISBN: 978-1-326-28153-3

INDICE

PREMESSA **5**
CAPITOLO I **6**
    LA FORMAZIONE STORICA DEL SISTEMA. 6
    LE CODIFICAZIONI. 7
CAPITOLO II **8**
LE FONTI DEL DIRITTO **8**
    IL DECRETO LEGISLATIVO E IL DECRETO LEGGE. 11
    I REGOLAMENTI. 12
    USI O CONSUETUDINI. 15
    FONTI DELL'UNIONE EUROPEA. 15
CAPITOLO III **19**
LA NORMA GIURIDICA **19**
    GENERALITÀ ED ASTRATTEZZA DELLA NORMA GIURIDICA.
    19
    L'INTERPRETAZIONE DELLA NORMA GIURIDICA. 21
    L'EFFICACIA DELLA NORMA GIURIDICA, LA SUA
    ABROGAZIONE. 22
CAPITOLO IV **24**
L'ILLECITO PENALE E ILLECITO CIVILE **24**
LA STRUTTURA DEL REATO **24**
    IL FATTO TIPICO. 24
    L'AUTORE. 26
    IL SOGGETTO PASSIVO. 27
    L'OGGETTO MATERIALE. 27
    LA CONDOTTA. 27
    L'EVENTO. 28

Il nesso di causalità. 28
LE TIPOLOGIE DI OFFESA NEGLI ILLECITI PENALI **29**
    I reati di danno e reati di pericolo. 29
    I reati abituali. 31
    I reati plurioffensivi. 31
    L'illecito civile. 31
    L'elemento psicologico dell'illecito civile e penale. 32

CAPITOLO V 33
ELEMENTI DI DIRITTO AMMINISTRATIVO 33
    L'amministrazione statale periferica e gli Enti territoriali. 35
    L'attività amministrativa. I principi. 36
    La discrezionalità. 37

CAPITOLO VI 38
IL PROCEDIMENTO AMMINISTRATIVO 38
    La nozione di procedimento amministrativo. 38
    I Profili strutturali del procedimento. 38
    Il tempo del procedimento. 40
    Il responsabile del procedimento. 41
    La partecipazione e accesso al procedimento. 42
    I soggetti necessari. 43
    La fase decisoria. 45

CAPITOLO VII 46
LA GIUSTIZIA AMMINISTRATIVA 46

PREMESSA

Non vi sono dubbi sul fatto che lo studio del diritto in un corso di laurea scientifico sembri del tutto fuori luogo. Purtroppo non è così.

Gli studenti di questi corsi scientifici si imbattono anche in argomenti di carattere giuridico; inoltre, molti laureati in materie scientifiche hanno continui rapporti col mondo del diritto.

Nel corso della professione, poi, questi laureati devono anche rispettare e far rispettare norme di Legge, senza aver nemmeno avuto occasione di studiare gli elementi base dell'ordinamento giuridico.

Questo testo, senza grandi pretese per la verità, ma soprattutto senza fine di lucro, intende avvicinare allo studio del diritto coloro che per necessità o per passione intendono allargare le loro conoscenze, assunte in ambiti diversi.

Speriamo che il nostro lavoro possa aiutarli.

L'autore

CAPITOLO I

La formazione storica del sistema.

La famiglia romano-germanica, che comprende innanzi tutto i Paesi dell'Europa continentale, individua tutti gli ordinamenti in cui la scienza del diritto si è formata sulla base dell'antico diritto romano, attraverso gli sforzi delle Università europee che, dal secolo XII, hanno sviluppato, sulla base delle compilazioni dell'imperatore Giustiniano[1], una scienza giuridica comune a tutti. Sino ad allora il diritto era stato locale e consuetudinario, perciò frammentario.

Con la rinascita degli studi del diritto romano, quindi con la riscoperta dei principi del diritto romano, si divulga una cultura che ravvisa in quei principi stessi

---

[1] - Imperatore romano d'Oriente dal 527 al 565. Tentò la riunificazione territoriale dell'impero, ma più ancora ne tentò la riunificazione giuridica e civile, che sola poteva garantire il rinascere della grandezza imperiale. A tale scopo, Giustiniano si propose di creare un sistema legislativo uniforme e incaricò una commissione, presieduta dal giurista Triboniano, di raccogliere e organizzare il diritto romano. Il lavoro di compilazione e ricerca di tutte le leggi durò oltre un decennio e la raccolta venne infine incorporata nel **Corpus Juris Civilis**, chiamato anche Codice giustinianeo, promulgato nel 534 e aggiornato in seguito con nuovi decreti o Novellae. L'opera è ancora oggi alla base del diritto di gran parte dei paesi europei.

regole universali, applicabili a tutta la popolazione del vecchio continente.

Questi studi generano un diritto comune a tutti (*Jus commune*), diritto che unisce i giuristi di tutte le università europee. Su queste basi di conoscenza si formano giudici e avvocati accomunati, nei diversi stati e regioni di una Europa frammentata, in una unica scienza giuridica che costituisce uno dei pochi elementi di unità della società medioevale.

Le codificazioni.

Nel secolo XIX si verificano i grandi mutamenti politici economici e giuridici della società, grazie al dissolvimento del pensiero medioevale.

Gli stati accentrano il potere legislativo in propri organi, molto spesso nei parlamenti eletti dal popolo, con i quali dettano le regole alla società attraverso l'emanazione delle Leggi. Con la Legge scritta il potere politico esercita la propria volontà.

Nascono, così, le codificazioni, cioè il diritto vigente viene espresso, in forma sistematica, in compilazioni unitarie che intendono organizzare e armonizzare le Leggi.

Nel XIX secolo si diffonde in tutta l'Europa un movimento per la codificazione e i codici rappresentano ancora la tipica fonte di diritto dei sistemi giuridici contemporanei.

CAPITOLO II
LE FONTI DEL DIRITTO

Sono fonti del diritto gli atti o i fatti idonei a creare, modificare od estinguere norme giuridiche, cioè a produrre diritto.
L'elencazione normativa delle fonti è contenuta nell'articolo 1 delle Disposizioni preliminari al codice civile, costituite da 31 articoli che precedono il codice civile e stabiliscono le disposizioni sulla legge in generale. L'attuale codice civile è entrato in vigore nel 1942, prima della promulgazione della Costituzione repubblicana del 1948, e richiama anche fonti ormai abrogate come le norme corporative eliminate dal sistema.
Il sistema delle fonti è il seguente:
1. *Carta Costituzionale e Leggi costituzionali;*
2. *Leggi ordinarie statali e Leggi ordinarie regionali;*
3. *Regolamenti;*
4. *Usi o Consuetudini.*

Al vertice accanto alle leggi costituzionali vanno collocate le *norme comunitarie.*
Le fonti sono poste in ordine gerarchico, la fonte subordinata non può dettare una regola contraria a quella sancita dalla superiore. La norma superiore può

anche abrogare quella di grado inferiore (la legge può abrogare il regolamento, mentre il regolamento non può abrogare la legge anche se precedente). I contrasti tra norme di pari grado si risolvono attraverso il criterio cronologico, secondo il principio che la legge successiva prevale su quella precedente.

La Costituzione.

Al vertice della gerarchia delle fonti vi è la Costituzione che è formata da 139 articoli. La Costituzione italiana è rigida, può essere modificata solo tramite leggi costituzionali. Sono Leggi costituzionali quelle che il Parlamento emana con un procedimento particolare, molto più complesso rispetto a quello richiesto per le leggi ordinarie.

Le leggi.

Sono leggi ordinarie tutte le leggi dello Stato. La Costituzione assegna il potere di produzione delle leggi ordinarie al Parlamento, che deve approvarle con una procedura disciplinata dalla stessa Carta Costituzionale. Le leggi sono promulgate dal Presidente della Repubblica entro un mese dall'approvazione.
Se le Camere, ciascuna a maggioranza assoluta dei propri componenti, ne dichiarano l'urgenza, la legge è promulgata nel termine da essa stabilito.

Le leggi sono pubblicate subito dopo la promulgazione sulla Gazzetta Ufficiale ed entrano in vigore *il quindicesimo giorno successivo alla loro pubblicazione,* salvo che le leggi stesse stabiliscano un termine diverso.

Fra tutte le leggi ordinarie vanno annoverati i "codici" che disciplinano un maniera organica un settore di diritto. Ad esempio, il codice civile regolamenta il diritto privato; il codice penale detta le regole fondamentali in materia penale etc. Attualmente in Italia sono in vigore diversi codici: *il codice di procedura civile, il codice di procedura penale, il codice della navigazione, quello stradale, ecc..*

Il codice non è una legge superiore alle altre leggi e le norme contenute sono modificabili da legge ordinaria successiva. Le modifiche al codice vengono compiute mediante la tecnica della "novella", con la sostituzione del testo di un articolo, o con l'aggiunta di nuovi articoli nel codice stesso (ad es. art 2456 bis, ter, quater etc.). I codici sono anche integrati con leggi "speciali", per esempio in materia penale per le sostante stupefacenti.

Le Regioni hanno potere di emanare *Leggi Ordinarie Regionali* solo in alcune materie, indicate nella Costituzione (art. 117 Costituzione) e non possono emanare norme contrarie alla Costituzione. Precisamente spetta alle Regioni la potestà legislativa in riferimento ad ogni materia non riservata alla legislazione dello Stato. L'art. 117 Cost. definisce, nel

secondo comma, le materie per le quali lo Stato ha competenza esclusiva, nel terzo le materie per le quali la competenza tra Stato e Regioni è di tipo concorrente (per le materie comprese in quest'area, lo Stato determina i princìpi fondamentali e le Regioni possono legiferare), mentre il quarto comma stabilisce la competenza residuale delle Regioni su tutte le altre materie. Ad esempio, le Regioni seguendo il nuovo dettato costituzionale hanno emesso norme generali sull'organizzazione e il funzionamento del Servizio sanitario regionale.
La Legge regionale è vigente nella sola Regione di emanazione. La Legge 5.6.2003, n.131 precisa che restano in vigore le Leggi dello Stato nelle materie in cui la competenza è passata alle Regioni, fino a che le stesse non legifereranno sull'argomento; lo stesso vale al contrario per le materie su cui la competenza è passata dalle Regioni allo Stato.

Il Decreto legislativo e il Decreto legge.

L'esercizio della funzione legislativa può essere delegato dal Parlamento al Governo, ma solo con determinazione di principi e criteri direttivi, per un tempo limitato e per oggetti definiti. Questo è il caso dei *Decreti Legislativi* emessi dal Governo (o anche *Decreto delegato*, denominazione spesso usata nel testo della legge delega stessa), appunto, in forza di Legge delega del Parlamento. Ad esempio, il nuovo codice della strada è stato emesso attraverso un Decreto Legislativo (D. Lgs 30 aprile 1992, n. 285) con legge delega del Parlamento che aveva dettato solo i principi direttivi, al fine di evitare l'estenuante approvazione di tutto il codice, composto da innumerevoli articoli.

Quando, in casi straordinari di necessità e d'urgenza, il Governo adotta, sotto la propria responsabilità, provvedimenti provvisori con forza di legge, siamo in presenza di *Decreti Legge*. Ma l'esecutivo deve, il giorno stesso dell'adozione, presentarli per la conversione alle Camere che, anche se sciolte, sono appositamente convocate e si riuniscono entro cinque giorni.
I decreti perdono efficacia sin dall'inizio, se non sono convertiti in legge *entro sessanta giorni* dalla loro pubblicazione. Le Camere possono tuttavia regolare con legge i rapporti giuridici sorti sulla base dei decreti non convertiti.

I Regolamenti.

Il Parlamento italiano non è in grado di produrre una regolamentazione esauriente in ogni settore e deve, quindi, limitarsi ad enunciare i principi, riservando la disciplina più specifica al Governo (potere esecutivo).
Il Governo è l'organo competente ad emanare le regole di applicazione della legge: *i Regolamenti* sono, appunto, gli *atti normativi emanati dal Governo*, deliberati dal Consiglio dei ministri ed emanati dal

Presidente della Repubblica con un Decreto del Presidente della Repubblica.

La posizione dei Regolamenti nella scala gerarchica delle fonti riflette l'organizzazione dell'ordinamento: sono, infatti, subordinati alle leggi (potere politico superiore al potere esecutivo).

Disciplinati da ultimo dalla legge n. 400 del 1988, e contemplati nell'art. 1 delle Preleggi, i regolamenti governativi sono di sei tipi, ma quelli utili al nostro studio sono:

Regolamenti di esecuzione, adottati per dare più agevole applicazione alle leggi, agli atti aventi valore di legge ed ai regolamenti comunitari;

Regolamenti di attuazione e integrazione, sono emanati nei casi in cui le leggi dispongono principi che, per produrre effetti, necessitano di una disciplina di dettaglio;

Regolamenti organizzativi, regolano il funzionamento delle pubbliche amministrazioni;

Regolamenti ministeriali e interministeriali (quali i Decreti ministeriali). Questi ultimi sono fonti di terzo grado poiché sono sottoposti non soltanto alla Costituzione e alla legge, bensì anche agli altri regolamenti governativi, adottati dal Governo.

Il Decreto del presidente della Repubblica (in sigla d.P.R., o anche DPR) è un atto del Presidente della Repubblica.

Gli atti emanati con DPR sono:

i regolamenti governativi;

gli atti di nomina degli alti funzionari e dirigenti dello Stato, secondo quanto stabilito dalla legge;

gli altri atti indicati dalla legge (ad es. la nomina dei giudici costituzionali).

Il *Decreto ministeriale* (D.M.) è un atto amministrativo (di alta amministrazione) emesso da un ministro nell'ambito delle materie di competenza del suo dicastero; non ha forza di legge. Quando è emanato dal Presidente del Consiglio dei ministri è denominato *Decreto del Presidente del Consiglio dei ministri* (D.P.C.M.).

Se un decreto richiede la competenza di diversi dicasteri e deve, quindi, essere adottato di concerto tra gli stessi, si parla di *Decreto interministeriale*.

Il Decreto ministeriale è contraddistinto da una certa discrezionalità da parte del ministro che lo emette, ma è sempre prescritto dalla legge, che dopo aver delineato i principi fondamentali, di una data materia, ne affida l'esatta definizione tecnica ed attuazione al ministro competente, che la effettua appunto con proprio decreto.

Il Decreto ministeriale nel sistema delle fonti del diritto, può rivestire il carattere di fonte normativa secondaria, se pone un regolamento. Ad esempio, il Regolamento recante norme di individuazione delle malattie croniche e invalidanti ai sensi dell'articolo 5, comma 1, lettera a), del decreto legislativo 29 aprile 1998, n. 124, emesso con Ordinanza Ministero della Sanità nel 1999, n. 329.

Usi o consuetudini.

Con *Consuetudine* si indica il diritto non scritto, in antitesi al diritto scritto prodotto da tutte le altre fonti.
La regola consuetudinaria nasce quando in un contesto sociale si osserva costantemente e per un certo tempo un determinato comportamento, ritenendo che esso sia giuridicamente vincolante, cioè rispettoso di una norma giuridica. Sono due gli elementi che concorrono a formare la consuetudine: il primo è *soggettivo*, e consiste nella convinzione che quel comportamento sia obbligatorio; il secondo è *oggettivo*, cioè il fatto che quel comportamento sia osservato in modo costante e duraturo nel tempo.
Gli usi hanno efficacia solo nelle materie che non siano regolate da Leggi o Regolamenti (consuetudine *praeter legem*). Invece, in materie regolate da Leggi o Regolamenti la consuetudine ha efficacia soltanto se espressamente richiamata da tali norme (consuetudine *secundum legem*).

Fonti dell'Unione Europea.

L'elenco delle fonti dell'ordinamento italiano deve essere integrato con le fonti di origine comunitaria.
Per diritto comunitario deve intendersi l'insieme di norme relative all'organizzazione e allo sviluppo dell'odierna Unione Europea, in origine Comunità Europea, ed i rapporti tra questa e gli Stati membri.

Innanzi tutto occorre differenziare due tipologie di fonti:
Diritto comunitario originario;
Diritto comunitario derivato.
Fra le fonti della prima categoria dobbiamo annoverare i Trattati istitutivi delle Comunità Europee e gli atti di modifica successivi: il Trattato di Maastricht, il Trattato di Amsterdam, il Trattato di Nizza, e il Trattato di Lisbona.

In questi atti il legislatore ha enunciato una serie di principi generali, cui deve uniformarsi il diritto derivato, quali ad es. Principio di libera circolazione di merci, persone, servizi e capitali; Principio dell'effettività e non discriminatorietà della tutela giurisdizionale; Principio di solidarietà tra gli Stati membri; Principio della preferenza comunitaria; Principio del mutuo riconoscimento; Principio della diretta applicabilità del Diritto comunitario; ecc.

La seconda categoria di diritto derivato prevede il seguente sistema di fonti:

1. *Regolamenti;*
2. *Direttive;*
3. *Decisioni;*
4. *Raccomandazioni;*
5. *Pareri;*
6. *Atti atipici.*

I Regolamenti sono atti a portata generale ed astratta, direttamente applicabili nei confronti degli Stati membri: essi cioè si rivolgono a tutti i cittadini della Comunità Europea, e non hanno bisogno della mediazione dello Stato.

Le Direttive, invece, si rivolgono agli Stati, e non direttamente ai cittadini, indicano i principi che gli Stati membri devono perseguire con leggi interne. Ciascuno Stato membro dell'Unione ha l'obbligo di recepire la Direttiva con normativa interna. Se lo Stato non emana la legge nei tempi stabiliti nella stessa direttiva, è responsabile nei confronti del cittadino che dovesse essere danneggiato da questo ritardo.

Di recente, peraltro è stata individuata la categoria delle direttive "direttamente applicabili" (c.d. *Self executive*)2. Sono norme precise e determinate, perciò direttamente efficaci nei confronti dei cittadini degli Stati membri.

Nella Gerarchia delle fonti del diritto italiano i Regolamenti e le Direttive self executive sono equiparati alle leggi costituzionali, con la conseguenza che prevalgono anche sulla legge ordinaria. Ne consegue che, se due norme, di cui una comunitaria e l'altra interna, dovessero essere in contrasto tra loro il giudice deve applicare la norma comunitaria e disapplicare quella interna.

---

[2] - Le direttive *dettagliate* o *self executing* impongono obblighi chiari, precisi ed incondizionati ossia lascino agli Stati uno spazio discrezionale minimo o nullo nella scelta delle modalità per raggiungere il risultato voluto, oppure si limitino a chiarire norme già presenti nei Trattati.

Le *Decisioni* sono atti indirizzati a singoli Stati membri o a soggetti privati e obbligatori in tutti i loro elementi soltanto per i destinatari. Questi atti hanno, quindi, una portata individuale.

Le *Raccomandazioni* sono atti non vincolanti diretti a sollecitare il destinatario ad adottare o cessare un determinato comportamento.

I *Pareri* sono sempre atti non vincolanti. Rappresentano il punto di vista dell'istituzione che lo emette, in ordine ad una specifica questione.

L'ultima fonte sono gli *Atti atipici*, in pratica le risoluzioni, gli accordi interistituzionali, le dichiarazioni comuni, le posizioni comuni, i codici di condotta, libri "verdi" e libri "bianchi"[3], ecc.

---

[3] - La *Commissione* adotta dei *libri verdi* con lo scopo di compiere consultazioni pubbliche in determinate problematiche europee, al fine di raccogliere le informazioni necessarie per poter elaborare una proposta legislativa. In seguito ai risultati dei libri verdi, la *Commissione* adotta dei *libri bianchi* che raccolgono proposte di azioni europee dettagliate.

CAPITOLO III

LA NORMA GIURIDICA

Generalità ed astrattezza della norma giuridica.

La norma giuridica può essere definita una serie di comandi generali ed astratti. Non è detto che essa contenga un solo comando, ma di certo impone una determinata condotta alla cui mancata ottemperanza è prevista una determinata sanzione.

La norma giuridica deve essere *generale ed astratta*, in quanto rivolta ad una serie di soggetti sottoposti all'ordinamento giuridico, e non può che prevedere una situazione generale ed astratta, nonché una reazione nei confronti di chi non la rispetti, cioè una *sanzione*.

Precisamente, la sanzione è la reazione dell'ordinamento che entra in gioco nel momento in cui la norma viene violata, e non è detto che sia contenuta in quest'ultima.

Nell'ordinamento abbiamo casi in cui le norme prevedono esplicitamente sanzioni, ma altri dove la norma rinvia l'applicazione di disposizioni sanzionatorie generali.

Nel nostro ordinamento esempi di sanzioni possono essere la pena, come nel caso delle sanzioni penali, inflitta a quel soggetto che non si sia attenuto al comando imposto nella norma giuridica, oppure l'esecuzione forzata, in campo civilistico, per il soggetto che non ha provveduto ad un obbligo di pagamento, oppure ancora la nullità di un contratto stipulato in violazione di legge.

Conseguenze anche della mancata esecuzione del comando contenuto nella norma giuridica, sono il risarcimento e la riparazione rivolti ad ottenere ciò che si sarebbe ottenuto dalla spontanea esecuzione del precetto normativo.

Non tutte le condotte contrarie a quelle imposte nelle norme sono sanzionate. Ad esempio l'art. 315 codice civile, stabilisce che "il figlio deve rispettare i genitori e deve contribuire, in relazione alle proprie sostanze e al proprio reddito, al mantenimento della famiglia finché convive con essa", senza prevedere alcuna sanzione in caso di mancato rispetto della norma stessa.

Il comando di tenere un determinato comportamento può essere definito, quindi, il *dovere giuridico* e può avere per oggetto un'azione (pagare, trasportare..) oppure un'astensione (non costruire su di un certo fondo..).

Il dovere è sempre imposto per la realizzazione di un interesse, che può essere privato o pubblico.

Se il dovere tutela l'interesse di un soggetto, che, quindi, può pretendere l'adempimento di quello stesso dovere, tale soggetto è titolare di una *pretesa o diritto*.

Il dovere corrispondente ad una pretesa, si definisce *obbligo*.

L'interpretazione della norma giuridica.

L'articolo 12, delle disposizioni preliminari del codice civile, precisa che l'interpretazione della norma consiste nel ricercare il senso fatto palese dal significato proprio delle parole, secondo la connessione di esse, e dall'intenzione del legislatore.
È evidente, come il legislatore faccia riferimento a due criteri indispensabili: quello letterale e quello logico.

L'interpretazione letterale è, indubitabilmente, la ricerca del significato proprio delle parole secondo la loro connessione, quindi, secondo la successione delle parole stesse inserite a comporre la norma.

L'interpretazione logica e quella che fa riferimento ad una ricerca dell'intenzione del legislatore. Si tratta, in pratica, della cosiddetta *ratio* della legge: la ragione e l'interesse che la stessa mira ad ottenere. Il ragionamento deve sempre tener conto dell'intero sistema normativo, della finalità perseguita dalla norma stessa e il contesto storico nella quale è stata emessa.

I soggetti che possono effettuare l'interpretazione sono:
i giudici nell'esercizio della loro funzione;
la dottrina, quindi, gli studiosi delle materie giuridiche.

Vi è una terza forma di interpretazione detta *autentica*, perché compiuta dal legislatore, che, a volte, emana delle leggi, con efficacia retroattiva, al fine di specificare l'esatto significato delle norme preesistenti.

Può, però, verificarsi la situazione nella quale nessuna norma preveda o disciplini una determinata materia: la cosiddetta fattispecie concreta.

Il giudice può superare il problema applicando la disciplina giuridica dettata per un caso simile o per una materia analoga: è il caso, appunto della *analogia*.

Si deve essere, però, in presenza di vere e proprie significative somiglianze, fra la fattispecie non prevista e quella prevista.

L'analogia non è ammessa nelle leggi penali o sanzionatorie amministrative sfavorevoli al reo, (la cosiddetta analogia in *malam partem*), oppure rispetto a leggi di carattere eccezionale, che possono essere state emesse in particolare situazioni contingenti sociali e politiche (ad esempio leggi sul terrorismo).

L'efficacia della norma giuridica, la sua abrogazione.

La norma giuridica, coma abbiamo già avuto modo di analizzare, entra in vigore dopo la pubblicazione nella Gazzetta Ufficiale, decorso il periodo di tempo necessario dalla pubblicazione, mentre viene abrogata per dichiarazione del legislatore espressa o tacita.

Per espressa, deve intendersi tanto una dichiarazione inserita in una norma successiva, o il fatto che la legge stessa sia stata emanata per un certo periodo di tempo, definito all'interno della stessa.

Tacita è l'ipotesi che si presenta quando vi è un'incompatibilità fra una nuova disposizione e quella precedente.

Anche il referendum previsto dall'articolo 75 della Costituzione, con i suoi limiti, può prevedere l'abrogazione di una norma giuridica.

Ultima ipotesi, è quella della decisione di illegittimità costituzionale pronunciata dalla Corte Costituzionale.

E' bene ricordare e precisare che la legge non può avere effetto retroattivo, quindi non può estendere la sua efficacia a momenti precedenti quelli della sua entrata in vigore.

Esistono però delle deroghe a questo principio.

È il caso di leggi di interpretazione autentica, di cui abbiamo già spiegato la funzione, che chiaramente non possono che essere emanate successivamente alla legge interpretata.

Nel sistema penale, invece, la legge applicabile al caso concreto è la più favorevole al reo.

Ciò vuol dire che una legge successiva può non essere applicata, se più sfavorevole di quella in vigore al momento della commissione del fatto.

CAPITOLO IV

L'ILLECITO PENALE E ILLECITO CIVILE
LA STRUTTURA DEL REATO

Il fatto tipico.

Per affermare l'esistenza di un fatto rilevante per il diritto penale si richiede, prima di ogni altro requisito oggettivo o soggettivo, che si tratti di un fatto corrispondente a quello descritto da una norma incriminatrice (cd. fattispecie legale del reato).

L'utilizzazione da parte del legislatore di fattispecie a

forma aperta, cioè in cui risultano indifferenti le modalità della condotta e si pone l'attenzione sul risultato dell'azione in termini di lesione o messa in pericolo del bene protetto, o

forma vincolata, in cui, invece, il legislatore descrive in modo più o meno dettagliato le modalità di condotta rilevanti,

dipende di regola dall'importanza del bene che si intende proteggere.

Quanto più alto è il valore che il bene in questione assume nella vita della comunità tanto più l'incriminazione tenderà ad essere omnicomprensiva, cioè a racchiudere ogni forma possibile di aggressione al bene stesso.

Viceversa, relativamente a beni di minore importanza, tenderà a colpire solo determinate modalità di aggressione.

Ne consegue che l'individuazione del bene tutelato dalla norma costituisce il momento preliminare per l'esatta configurazione del tipo di fatto incriminato.

Il bene giuridico.

In quanto oggetto della protezione normativa, il bene giuridico corrisponde ad un'entità concettuale idonea a definire l'interesse - individuale o collettivo - che si riflette nella singola norma incriminatrice.

Il bene giuridico viene così definito oggetto giuridico del reato.

Oggetto, cioè, sia della protezione normativa che dell'aggressione (realizzata mediante il compimento del fatto tipico).

Come tale, esso non va confuso con l'oggetto materiale dell'azione che corrisponde a qualcosa di tangibile (ad es. nel furto, oggetto materiale è la cosa sottratta mentre oggetto giuridico è il patrimonio che è tutelato dall'ordinamento).

L'individuazione del bene protetto, quindi, è essenziale per la determinazione del tipo di reato, ma la sua corretta definizione dipende spesso dall'analisi della condotta incriminata, ossia dal contenuto di aggressione a un determinato bene giuridico, dalle modalità esterne dell'aggressione e dall'atteggiamento interiore dell'agente.

Una stessa condotta, infatti, può provocare, a seconda del comportamento e del suo contenuto psicologico, la lesione di beni diversi o diverse ipotesi di rilevanza del fatto.

L'Autore.

Autore (soggetto attivo del reato) è colui che realizza nel mondo esterno il fatto tipico di un determinato reato (anche se tale qualità risulta del tutto indipendente dal giudizio sulla colpevolezza del soggetto che agisce e sulla sua punibilità in concreto).

Di regola, autore di un fatto previsto come reato può essere chiunque (cd. reati comuni), ma in un certo numero di casi, la sfera dei potenziali autori è circoscritta dalla legge a determinate categorie di soggetti, rivestiti di particolari qualità naturalistiche o giuridiche, che valgono a porre i medesimi in una specifica relazione con il bene protetto dalla norma (cd. reati propri – il pubblico ufficiale nell'esercizio delle sue funzioni ecc..).

Tale speciale relazione rileva nel senso che determina l'esistenza stessa di un illecito penale (che altrimenti, in mancanza della qualità del soggetto, non si verificherebbe) o dà luogo al configurarsi di un diverso tipo di illecito penale.

Il soggetto passivo.

Il soggetto passivo del reato è colui su cui incide la condotta tipica, ossia il portatore dell'interesse penalmente protetto (la cd. persona offesa dal reato, che può anche non coincidere con il danneggiato dal reato - espressione che designa il soggetto che subisce il danno, patrimoniale e non, derivante dal reato e suscettibile di risarcimento - esempio tipico è l'omicidio: la persona offesa è il morto, mentre i danneggiati sono i parenti, prossimi congiunti).
Vi sono anche dei reati a soggetto passivo indeterminato i cosiddetti "reati vaghi o vaganti", quando l'interesse aggredito dal reato appartiene ad una cerchia indeterminata di soggetti.

L'oggetto materiale.

L'oggetto materiale designa l'entità su cui incide la condotta tipica, quando la stessa si concretizza nella estrinsecazione di energia fisica (cosa, animale, persona umana).

La condotta.

La condotta, per essere tipica, deve corrispondere nelle sue modalità di realizzazione a quella descritta da una norma incriminatrice speciale.
Essa può consistere in un comportamento positivo (azione in senso stretto) o negativo (omissione).

L'evento.

La legge penale distingue:

i reati di *evento*, in cui la fattispecie legale prevede un determinato accadimento naturalistico, corrispondente ad una modificazione della realtà sensibile, ben distinguibile, come conseguenza della condotta;

i reati di *pura condotta*, in cui la fattispecie legale si esaurisce nella descrizione del comportamento incriminato, senza identificare un accadimento del tipo naturalistico.

In realtà, non esistono reati senza evento, per cui è più corretto sostenere che la lesione o messa in pericolo del bene possono anche non coincidere con una modificazione della realtà naturale, distinguibile dalla condotta del soggetto.

Il nesso di causalità.

Per comprendere il concetto del nesso di causalità è necessario fare riferimento all'art. 40 del codice penale, Rapporto di causalità:
Nessuno può essere punito per un fatto preveduto dalla legge come reato, se l'evento dannoso o pericoloso, da cui dipende l'esistenza del reato, non è conseguenza della sua azione od omissione.
Non impedire un evento, che si ha l'obbligo giuridico di impedire, equivale a cagionarlo.

Perché l'evento possa essere attribuito sul piano oggettivo ad un determinato autore, è necessario che tra la condotta e l'evento sussista un rapporto di causa-effetto.

LE TIPOLOGIE DI OFFESA NEGLI ILLECITI PENALI

I reati di danno e reati di pericolo.

La realizzazione di una condotta tipica può avere come conseguenza la lesione di un bene giuridico, ovvero determinare solo il pericolo di una siffatta lesione.
In tali ultimi casi, la legge ritiene sufficiente, per la punibilità del fatto, la mera esposizione a pericolo del bene tutelato, in quanto si tratti di bene di particolare importanza, ove solo una penalizzazione anticipata della condotta possa garantirne un'adeguata protezione.

Nell'ambito dei reati di pericolo si distingue fra:

Reati di *pericolo concreto*, in cui l'accertamento del verificarsi del pericolo deve essere compiuto caso per caso dal giudice. In particolare, l'accertamento del pericolo si traduce in un giudizio sulla pericolosità ricondotto a situazioni di fatto obiettivamente accertate (ad esempio la salmonella in un alimento può essere pericolosa solo se presente oltre una soglia limite). Siamo in presenza del cosiddetto giudizio di prognosi postuma, che pur essendo formulato ex post factum, si riporta idealmente alla situazione ex ante per dedurne la probabile verificazione dell'evento materiale.

Reati di *pericolo astratto*, in cui si reputa sufficiente la realizzazione della condotta descritta nella fattispecie di parte speciale, cui la Legge assegna un generico carattere di pericolosità. In tale ipotesi, la presunzione di pericolosità dettata dal legislatore può essere vinta dalla prova contraria relativa alla inidoneità della condotta all'aggressione del bene tutelato, ossia la sua attitudine lesiva.

Reati di pericolo presunto, in cui la Legge descrive in modo più o meno puntuale la condotta incriminata senza lasciare alcuno spazio all'interprete (al giudice) in ordine alla valutazione del pericolo. In tali casi, la presunzione di pericolosità non può essere vinta dalla prova contraria.

I reati istantanei e i reati permanenti.

I reati istantanei sono reati la cui condotta tipica si esaurisce col realizzarsi dell'unico atto configurabile con l'azione. Quelli permanenti, invece, esigono il compimento d'una pluralità di atti; essi sono caratterizzati dal perdurare nel tempo della lesione di un bene giuridico, per effetto d'una corrispondente condotta dell'autore. Ad esempio, la costruzione di una abitazione abusiva è una condotta inquadrabile in un reato permanente, che perdura fino alla demolizione della stessa.

I reati abituali.

Alcune ipotesi di reato si realizzano mediante una serie di condotte collegate fra loro in modo da delineare i contorni di un comportamento usuale del soggetto (ad esempio: maltrattamenti in famiglia).

I reati plurioffensivi.

Il reato può offendere un singolo bene giuridico o dar luogo, in astratto, alla lesione di una molteplicità di beni o interessi.

L'illecito civile

La definizione di illecito civile deve essere tratta dall'art. 2043 cc (*Risarcimento per fatto illecito*), il quale stabilisce che qualunque fatto doloso o colposo, che cagiona ad altri un danno ingiusto, obbliga colui che ha commesso il fatto a risarcire il danno.
La suddetta norma inquadra l'istituto della responsabilità extracontrattuale, perché quella contrattuale deriva, appunto, dall'accordo delle parti stipulato per loro stesso volere.

Non ogni fatto dannoso genera l'obbligo del risarcimento del danno ma solo il fatto ingiusto, quindi, *contra ius*, cioè contro un dovere giuridico.

L'illecito civile si distingue da quello penale, perché solo in quest'ultimo è prevista la pena quale conseguenza del fatto tipico.

L'elemento psicologico dell'illecito civile e penale.

L'elemento soggettivo o psicologico del soggetto che pone in essere l'azione o l'omissione, deve consistere nel dolo o nella colpa.

Il *dolo* è la volontaria trasgressione del dovere giuridico, quindi coscienza e volontà di cagionare l'evento dannoso, consapevolezza del proprio operare nel mondo esterno.

La *colpa* è la negligenza, l'imprudenza o l'imperizia ovvero l'inosservanza della legge, regolamenti, ordini o discipline che causa l'evento dannoso.

L'articolo 42, comma terzo, del codice penale stabilisce la possibilità che la legge possa determinare i casi di *responsabilità oggettiva,* in cui l'evento può, comunque, essere posto a carico di un soggetto sulla base del solo rapporto di causalità, a prescindere dall'elemento soggettivo, cioè dal dolo o dalla colpa.

CAPITOLO V

ELEMENTI DI DIRITTO AMMINISTRATIVO

La struttura della Pubblica Amministrazione.

La "Pubblica amministrazione" è costituita da una pluralità di enti pubblici che sono organizzati secondo una piramide che ha al vertice della struttura amministrativa lo Stato.
Lo stato è inteso come l'Ente pubblico per eccellenza, che racchiude al suo interno tutti gli Enti che esercitano i propri poteri nel territorio nazionale e che fanno capo al Governo, composto da:

Consiglio dei Ministri: formato dai singoli Ministri e dal Presidente del Consiglio;
Presidente del Consiglio dei Ministri: gerarchicamente superiore ai Ministri dirige la politica generale del Governo;
Ministri posti a capo di una struttura amministrativa che prende il nome di Ministero (i Ministri senza portafoglio non sono a capo di un dicastero di cui essere responsabili).

La struttura ministeriale non è però l'unico apparato dell'amministrazione centrale.

Lo Stato amministrazione, per lo svolgimento della propria attività dispone di altre strutture amministrative distinte dai Ministeri il cui ambito di attività si estende in tutto il territorio dello Stato.

Le amministrazioni indipendenti.

Le Amministrazioni indipendenti sono preposte alla regolazione, e alla vigilanza di particolari settori di mercato, (concorrenza, telecomunicazioni, ecc) in autonomia rispetto alle altre amministrazioni (governo, ministero ecc.)

Esempi di Amministrazioni indipendenti attualmente presenti nel nostro panorama amministrativo sono:

l'Autorità garante per la tutela dei dati personali;
l'Autorità per i lavori pubblici.
la Consob (Commissione nazionale per le Società e la Borsa);
L'Isvap (Istituto per la Vigilanza sulle Assicurazioni private);
Il Garante per la radiodiffusione e l'Editoria (attualmente riformato);
l'Autorità per l'informatica nella pubblica amministrazione;
l'Autorità per i pubblici servizi;
L'Autorità garante per la concorrenza ed il mercato.

L'amministrazione statale periferica e gli Enti territoriali.

Vi sono degli Enti pubblici aventi una competenza territorialmente limitata.

In questo caso occorre distinguere tra quei soggetti caratteristici di una amministrazione centralista, che sono manifestazioni dello stato centrale, nel senso che svolgono a livello locale un'attività propria di un Ministero, e quelli che, diversamente, sono espressione del governo di un determinato territorio.

Gli enti territoriali, la Carta costituzionale italiana a tal proposito individua:

la Regione;
la Provincia;
il Comune.

Il territorio dello Stato italiano è suddiviso il 20 Regioni, il territorio regionale è suddiviso in Province (si sta procedendo alla abolizione), all'interno delle quali sono individuati diversi Comuni.

Organi della Regione, così pure del Comune e della Provincia, sono:

il *Consiglio ed il suo Presidente,* al quale spetta la potestà legislativa e regolamentare;
la *Giunta* cui è attribuito il potere di iniziativa legislativa ed una competenza amministrativa generale;

il *Presidente della Giunta* (nel caso del Comune è il Sindaco) con poteri di rappresentanza e di esecuzione delle direttive e delle deliberazioni della Giunta e del Consiglio.

L'attività amministrativa. I principi.

In forza del *principio costituzionale di legalità*, la legge deve determinare le finalità, gli effetti ed i principi procedurali da seguire, lasciando all'amministrazione un ambito decisionale entro cui poter operare (discrezionalità). In altri termini, sarà la legge ad attribuire ad un Ente pubblico un certo potere, a fissare i criteri generali per orientare l'azione dell'amministrazione e gli eventuali sbocchi possibili, individuando anche gli atti che l'amministrazione, nello svolgimento della propria attività, potrebbe in concreto adottare.

Il principio di *imparzialità* condiziona, invece, il dovere-potere dell'amministrazione al rispetto della giustizia sostanziale, giustizia che deve manifestarsi nel confrontare, prima di procedere in concreto alla scelta, i diversi interessi coinvolti nell'esercizio dell'azione amministrativa.

Il principio della *buona amministrazione*, infine, obbliga le persone fisiche operanti nell'amministrazione ad utilizzare, nello svolgimento delle mansioni affidategli, in conformità alle leggi, la diligenza, per il pubblico interesse.

La discrezionalità.

La discrezionalità è la facoltà dell'amministrazione di scegliere tra più comportamenti leciti possibili, per il soddisfacimento dell'interesse pubblico, al fine della realizzazione quel determinato potere discrezionale le è stato attribuito dalla legge.
La discrezionalità è, quindi, uno spazio libero di agire dell'amministrazione, all'interno del quale essa compie una comparazione degli interessi in gioco secondo il canone della ragionevolezza, che deve necessariamente sussistere, tra le premesse fattuali e normative dell'azione dell'amministrazione e la scelta da essa stessa effettuata.

CAPITOLO VI

IL PROCEDIMENTO AMMINISTRATIVO

La nozione di procedimento amministrativo.

Con il termine *procedimento* si definisce la serie concatenata di atti provenienti da soggetti pubblici (organi, uffici e anche da soggetti privati) e di operazioni, previsti da norme primarie o secondarie, preordinati alla emanazione di un *provvedimento finale* suscettibile di produrre effetti innovativi nell'ordinamento.
Caratteristica del procedimento amministrativo è lo scopo unitario: la produzione di un provvedimento volto alla cura degli interessi indicati dalla legge4.

I Profili strutturali del procedimento.

Il procedimento è un *ordine unitario* di pluralità di operazioni e di atti.
L'ordine è dettato dalla legge o dai principi generali e se non viene seguito, tale violazione si riverbera sul

---

[4] - La legge 241/90 sul procedimento amministrativo, detta i principi dell'azione amministrativa stessa.

provvedimento finale, che viene, così, ad essere formato attraverso una sequenza alterata.

Alla stessa stregua, il provvedimento finale è *viziato* se nel corso del procedimento non viene compiuto uno degli atti od operazioni previste dalla legge. Del pari, se uno degli atti interni è viziato, tale vizio si riverbera su tutti gli atti successivi e dunque anche sul provvedimento finale (cd. invalidità riflessa o derivata).

In caso di alterazione della sequenza, di omissione di un elemento della serie procedimentale, di illegittimità di un atto, e se non vi sono preclusioni temporali, e' possibile rinnovare il procedimento partendo dal primo atto od operazione omessa e lasciando così integri gli atti e le operazioni pregressi5.

Se, infine, l'atto mancante doveva essere adottato entro un termine di decadenza, non è più possibile procedere alla sanatoria.

Anche se il procedimento si conclude in senso negativo, è sempre possibile riaprirlo, a meno che non vi siano preclusioni di legge. Alla rinnovazione si dà luogo su istanza di parte o d'ufficio, ove vengano evidenziati fatti od elementi nuovi (diversamente, la

---

[5] - Controverso è se l'alterazione della sequenza procedimentale o comunque l'omissione di atti possa essere sanata attraverso la loro *acquisizione tardiva*. La risposta deriva dalla funzione dell'atto mancante: se esso è funzionale per gli atti successivi, la sanatoria non è ammessa; se invece ha la funzione di autorizzazione a procedere, si ritiene ammissibile la sanatoria.

mera proposizione di un'istanza già respinta viene dichiarata irricevibile con provvedimento confermativo del precedente) o a seguito della verifica illegittimità del provvedimento (accertata d'ufficio, dagli organi di controllo o dagli organi giurisdizionali): cd. rinnovazione parziale.

Rinnovazione (ove non sia parziale) significa ripercorrere tutte le fasi del procedimento: è, tuttavia, possibile utilizzare materiale istruttorio già acquisito in precedenza (se non ha perso la sua validità in considerazione del decorso del tempo).
Qualora la rinnovazione non sia volta ad eliminare l'illegittimità del pregresso procedimento, l'eventuale esito diverso del procedimento stesso richiede una specifica motivazione.

Il tempo del procedimento.

Il procedimento deve concludersi entro il *termine stabilito* dalla Pubblica amministrazione con il regolamento previsto nella stessa disposizione; nel caso che il regolamento non vi sia, il termine è di 30 giorni.
Taluni regolamenti assegnano alle amministrazioni un potere di sospensione o di proroga del termine.
Il termine e' sospeso laddove non si sia in grado di utilizzarlo (ad es. in pendenza dei termini assegnati ai soggetti intervenuti nel procedimento per presentare memorie scritte e documenti, di rilascio o di rettifica di dichiarazioni o di istanze erronee e incomplete, di

esibizioni documentali oppure per il periodo che intercorre tra la data della richiesta dell'atto di competenza di altra amministrazione e il momento di acquisizione dello stesso).

Il procedimento si intende concluso al momento dell'adozione dell'atto. Se, infine, il provvedimento è recettizio[6] il termine si riferisce alla data in cui il destinatario ne riceve comunicazione.

Il procedimento è regolato dal principio *"tempus regit actum"*, nel senso che i provvedimenti emessi dalla pubblica amministrazione devono uniformarsi, sia per quanto concerne la forma che il contenuto, alle norme giuridiche vigenti nel momento in cui vengono posti in essere.

Se interviene una diversa normativa, il procedimento in itinere deve adeguarsi ad essa; tuttavia, le fasi già svolte sotto la norma abrogata sono salve.

Il responsabile del procedimento.

Il *responsabile del procedimento*[7] svolge la funzione di governo del procedimento stesso (cd. coordinamento istruttorio), proprio al fine di evitare dispersioni e sovrapposizioni di competenze.

---

[6] - Il provvedimento è recettizio quando gli effetti di tale atto si producono od iniziano a prodursi nel momento in cui sia pervenuto alla conoscenza del destinatario.
[7] - Artt. 4-5-6 Legge 241/90.

La partecipazione e accesso al procedimento.

Come si è già rilevato, il procedimento amministrativo svolge il ruolo di organizzazione degli interessi rilevanti ai fini dell'esercizio della funzione amministrativa, e presiede alla loro selezione onde assicurare il perseguimento dell'interesse pubblico primario in contemperamento con gli altri interessi coinvolti, pubblici e privati.
A detto fine, è fondamentale *la partecipazione dei privati interessati* al provvedimento in itinere, al fine di acquisire tutti i fatti e gli interessi coinvolti in funzione della formazione del contenuto del provvedimento finale.
La partecipazione dei privati può avere una funzione di difesa della propria posizione giuridica (cd. partecipazione in contraddittorio) e si esprime, di solito, con un atto di opposizione; oppure può avere una funzione collaborativa, nel senso che attraverso di essa si danno all'amministrazione gli elementi per una esaustiva valutazione del caso.
Non è escluso che la partecipazione possa nel contempo svolgere entrambi i ruoli, difensivo e collaborativi; essa è, tuttavia, esclusa nei confronti dei procedimenti diretti all'emanazione di atti normativi, amministrativi generali, di pianificazione e di programmazione (art. 13 co.1, L.241/90). Si tratta, invero, di procedimenti per i quali sono previste specifiche forme di partecipazione.

Infine, la partecipazione è attenuata ove esistano particolari esigenze di celerità.

I soggetti necessari.

L'avviso di procedimento deve essere comunicato ai soggetti nei confronti dei quali il provvedimento finale è destinato a produrre effetti diretti, a quelli che per legge debbono intervenirvi e ai soggetti a cui il provvedimento possa arrecare un pregiudizio o che dispongano del diritto alla contro-rappresentazione. L'individuazione dei terzi non diretti destinatari incontra il limite dei soggetti "individuati o facilmente individuabili".

L'amministrazione provvede a dare notizia dell'avvio del procedimento mediante comunicazione personale. Nella comunicazione debbono essere indicati:

a) l'amministrazione competente;

b) l'oggetto del procedimento promosso;

c) l'ufficio e la persona responsabile del procedimento;

d) la data entro la quale, secondo i termini previsti deve concludersi il procedimento e i rimedi esperibili in caso di inerzia dell'amministrazione8;

e) nei procedimenti ad iniziativa di parte, la data di presentazione della relativa istanza;

f) l'ufficio in cui si può prendere visione degli atti.

---

[8] - Si veda art. 2, commi 2 o 3, L. 241/90.

Qualora per il numero dei destinatari la comunicazione personale non sia possibile o risulti particolarmente gravosa, l'amministrazione provvede a rendere noti gli elementi sopra indicati mediante forme di pubblicità idonee, di volta in volta stabilite all'amministrazione medesima.

L'omissione di taluna delle comunicazioni prescritte può esser fatta valere solo dal soggetto nel cui interesse la comunicazione è prevista.

Qualunque soggetto, portatore di interessi pubblici o privati, nonché i portatori di interessi diffusi costituiti in associazioni o comitati, cui possa derivare un pregiudizio dal provvedimento, hanno facoltà di intervenire nel procedimento.

Il tempo ed effetti della partecipazione.

L'intervento è ammesso sino all'adozione della decisione finale, salvo la presenza di ragioni di economia amministrativa, che impongono di non esaminare interventi pervenuti oltre un certo limite. Alcune volte è previsto che il termine per l'intervento sia stabilito nella comunicazione di avvio del procedimento e, comunque, in tempo utile affinché la relativa valutazione non comporti un ritardo nella conclusione del procedimento.

La partecipazione (facoltativa) che fa seguito all'avviso (obbligatorio) e l'intervento volontario si esplicano attraverso il diritto di presentare *memorie scritte* (opposizioni, osservazioni o scritti rappresentativi della situazione di fatto o di diritto dal punto di vista dell'interessato) e documenti e di *prendere visione* dei documenti del procedimento.

Tali memorie e documenti, ove pertinenti all'oggetto del procedimento, devono essere considerate dalla pubblica amministrazione nella valutazione dei risultati dell'istruttoria e nella selezione degli interessi.

Altre forme di partecipazione popolare sono previste dalla legge 142/90 (consultazione, referendum consultivo, istanze, petizioni e proposte di cittadini singoli o associati).

Tutti i soggetti che intervengono nel procedimento hanno il diritto di prendere visione degli atti del procedimento medesimo, con Decreto del presidente della repubblica 12 aprile 2006, n.184 è stato emanato il regolamento recante disciplina in materia di accesso ai documenti amministrativi.

La fase decisoria.

La fase decisoria consiste nella elaborazione ed adozione del provvedimento finale sulla base del materiale acquisito nelle fasi precedenti. La competenza è del responsabile del procedimento o di altro organo previsto dalla legge.

CAPITOLO VII

LA GIUSTIZIA AMMINISTRATIVA

Con l'espressione diritto processuale amministrativo si fa riferimento ai mezzi di tutela garantiti dall'ordinamento avverso gli atti dell'amministrazione.

I ricorsi si distinguono:

ricorsi amministrativi che sono rivolti all'amministrazione (non all'autorità giudiziaria) per ottenere tutela nei confronti di un provvedimento amministrativo illegittimo.

Tali ricorsi, generano procedimenti amministrativi di secondo grado, finalizzati, nell'ambito della stessa pubblica amministrazione, alla soluzione di una controversia avente ad oggetto un provvedimento amministrativo. Essi sono:

il ricorso gerarchico;
il ricorso in opposizione;
il ricorso gerarchico improprio;
il ricorso straordinario al capo dello stato.

Organi della giurisdizione amministrativa sono:

i *Tribunali amministrativi regionali* – T.A.R. (in primo grado): organi locali di giustizia amministrativa che hanno sede nel capoluogo di ciascuna regione (sono state istituite anche delle sezioni staccate con sede in città diverse dal capoluogo, in gran parte in chiusura a causa della razionalizzazione dei costi);

il *Consiglio di stato* e il *Consiglio di giustizia amministrativa per la regione siciliana* (in secondo grado).

Accanto al giudice amministrativo generale vi sono dei giudici speciali aventi competenze stabilite dalla legge:

la Corte dei conti;

il *Tribunale regionale delle acque pubbliche* (in primo grado) ed il *Tribunale superiore per le acque pubbliche* (in secondo grado)

le *Commissioni* (provinciali e regionali) *tributarie.*

www.ingramcontent.com/pod-product-compliance
Lightning Source LLC
Chambersburg PA
CBHW072300170526
45158CB00003BA/1118